Les dérives de l'Internet

Stéphane B.

ISBN: 1722132418
ISBN-13: 978-1722132415

TABLE DES MATIÈRES

Préambule

Cet essai vient enrichir et compléter un article du livre « de la gnose au transhumanisme »[1] appelé « tout ce que vous devez savoir sur la fête païenne Burning Man », page 111 à 118.

---

[1] Visiter le site internet https://lafrancechretienne.wordpress.com/2018/02/18/parution-de-l-ouvrage-de-la-gnose-au-transhumanisme/

Introduction

Contrairement aux apparences, l'Internet est le produit de lourds investissements matériels. Il s'agit d'un agrégat de machines plus ou moins volumineuses qui communiquent entre elles par une suite de protocoles appelés TCP/IP. Un protocole est un programme informatique chargé de régir les échanges de données entre les machines, grâce à une série de règles de fonctionnement établie à travers des standards techniques appelés RFC.

Ces programmes nécessitent de l'électricité puisqu'ils fonctionnent essentiellement sur les ordinateurs personnels et les serveurs. Le parc informatique mondial requiert énormément d'énergie[2], surtout depuis l'avènement du *Cloud computing* ou « informatique en nuage », puisque les multinationales possèdent d'immenses fermes de *Data Center* ou « centre de données » qui peuvent être de la taille d'un village ou même d'une petite ville. Ce sont des bâtiments[3] qui hébergent de

---

2   En 2017, l'Internet représentait environ 7 % de la consommation mondiale d'électricité. La pollution engendrée par l'industrie du web serait équivalente à celle du secteur de l'aviation. Visiter le site internet https://www.greenpeace.fr/il-est-temps-de-renouveler-internet/

3   Voir les *figures 1a et 1b* placées en annexe

nombreux serveurs informatiques placés dans des baies spéciales. Ces lieux dédiés assurent la sécurité des machines qu'ils hébergent grâce à un système électrique adapté, des éléments anti-incendie, des alarmes anti- intrusion, des refroidisseurs, des onduleurs, des systèmes de surveillance, un personnel dédié, etc.

L'évolution rapide de l'Internet requiert, par conséquent, de plus en plus d'énergie pour fonctionner ainsi que des infrastructures de plus en plus complexes. Par exemple, les données transitent, entre les continents au moyen d'immenses câbles[4] plongés au fond des océans[5], à travers un ensemble d'éléments actifs tels que des commutateurs ou des routeurs. Ces millions de machines produisent de la chaleur et des rayonnements polluants. Certains *Data Center* recyclent la chaleur dégagée par les machines, mais il est évident que ce processus est comparable à une main qui se contenterait de caresser un malade au lieu de le soigner…

---

4   Voir les *figures 2a et 2b* placées en annexe
5   Voir la *carte 2c* placée en annexe

Dérive écologique

Le parc informatique international épuise les gisements puisque chaque ordinateur est composé en grande quantité de 9 alliages, matériaux, métaux et minéraux : *aluminium, cuivre, étain, fer, nickel, plastique, plomb, silice, zinc* et en petite quantité de 27 métalloïdes, métaux, oligoéléments, pnictogènes et terres rares : *antimoine, argent, arsenic, baryum, béryllium, bismuth, cadmium, chrome, cobalt, europium, gallium, germanium, indium, manganèse, mercure, niobium, or, palladium, platine, rhodium, ruthénium, sélénium, tantale, terbium, titane, vanadium, yttrium.*

L'exploitation intensive des gisements pose de graves problèmes écologiques puisque les terres rares[6] qui composent les appareils technologiques doivent être épurées grâce à des processus complexes qui impliquent des rejets polluants et radioactifs[7]. Sans compter que l'extraction des minerais nécessite au préalable la destruction de la végétation et entraîne par la suite une dégradation importante et irréversible des sols. Cette pollution sournoise reste invisible aux occidentaux puisque

---

6   Voir la *carte 3d* placée en annexe
7   Visiter les sites internet
     https://ecoinfo.cnrs.fr/2010/08/06/4-quels-impacts/
     et https://legrandcontinent.eu/2018/01/13/lempire-des-metaux-rares/

l'exploitation des minerais rares a lieu essentiellement en Chine.[8]

Le phénomène de consommation est couplé à une obsolescence programmée qui génèrent une effarante quantité de déchets envoyés à l'étranger, notamment en Afrique[9] et en Asie. L'occident se débarrasse de ce qu'il ne saurait voir[10]. Finalement, l'enrichissement des multinationales engendre une pollution internationale qui augure des décennies très difficiles pour l'humanité.

Dérive libertaire

Jusqu'à présent les opérateurs télécoms devaient donner un accès total à l'Internet à tous les utilisateurs grâce à la neutralité du net[11]. Or, ce principe est en train d'être abandonné[12],

---

8   Visiter le site internet
    https://www.20minutes.fr/planete/715885-20110501-
    planete-les-ravages-terres-rares-chine
9   Voir les *figures 4a et 4b* placées en annexe
10 Visiter le site internet
    http://geopolis.francetvinfo.fr/l-afrique-reste-
    desarmee-face-aux-dechets-electroniques-qui-s-
    accumulent-150743
11 Visiter le site internet
    https://www.laquadrature.net/fr/neutralite_du_Net
12 Visiter le site internet
    https://www.laquadrature.net/fr/tribune_neutralite_du
    _net_Liberation

notamment depuis l'élection de Donald Trump.

Quelles seraient les conséquences[13] de l'abandon de la neutralité du net ? Un industriel qui souhaiterait passer un accord avec un opérateur pourrait favoriser sa plateforme, c'est-à-dire un ensemble de sites internet, au détriment des abonnés qui seraient alors obligés de payer plus cher pour avoir accès aux services concernés.

Ceci aurait plusieurs conséquences majeures :

1) Les petites entreprises n'auraient pas les moyens financiers de payer pour que leur plateforme virtuelle soit visible. La concurrence et l'innovation ne seraient plus accessibles aux jeunes entrepreneurs.

2) Les particuliers qui ne pourraient pas payer pour accéder aux plateformes virtuelles devraient subir une lenteur liée à la limitation du débit, ce qui leur rendrait toute utilisation de l'Internet impossible.

3) Les fournisseurs d'accès internet pourraient bloquer l'accès à certains sites qui ne seraient pas assez rentables et facturer l'accès à d'autres sites afin d'engranger davantage de profits financiers.

Dérive spirituelle

Les données qui transitent sur l'Internet sont à

---

13 Visiter le site internet
    http://www.lemonde.fr/pixels/article/2017/12/13/p
    ourquoi-la-fin-de-la-neutralite-du-net-fait-
    peur_5228781_4408996.html

l'image de la civilisation occidentale contemporaine : le vrai et le faux se mêlent dans un brouhaha numérique incessant. Depuis l'apparition des réseaux sociaux, les avis personnels ont explosé.

La pureté de l'information tend à se noyer au milieu de flots de données émanant d'individus aux avis foncièrement différents. Là où l'Église cherchait à conserver la Vérité provenant des enseignements de Jésus-Christ, des Docteurs et des saints, l'Internet est devenu une sorte de bourse de l'information dans laquelle les cris des internautes empêchent toute méditation saine.

Par conséquent, le surplus d'information empêche les utilisateurs non avertis d'accéder à des connaissances pertinentes puisqu'il est nécessaire d'apprendre à chercher sur l'Internet pour trouver la bonne donnée. Cette technique devient rapidement chronophage et peut être addictive si l'on n'y prend garde.

On peut rapidement conclure que l'Internet participe à la grave dérive spirituelle[14] de l'occident puisque n'importe qui peut y trouver n'importe quoi.

---

14 Écouter la conférence de Claude Polin « La technique peut-elle libérer l'homme ? » https://www.youtube.com/watch?v=lxD3BPFqKsk

À propos de Google

Intéressons-nous maintenant à la multinationale Google dont le siège est basé à Mountain View. Cette entreprise s'est positionnée, à la base, sur le secteur du moteur de recherche, mais elle tend à se diversifier de manière beaucoup plus large. Google vise à développer l'intelligence artificielle, la singularité, la robotique, le transhumanisme ainsi que de nombreux projets innovants qui risqueraient de modifier en profondeur notre civilisation. Google dévoile très peu ses inventions au grand public. Le seul indice qui permette d'en savoir davantage est de s'intéresser à ses brevets industriels et à ses rachats d'entreprise.

L'entreprise a été fondée par Larry Page et Sergey Brin le 4 septembre 1998 dans un garage situé à Menlo Park dans la Silicon Valley. L'entreprise est vite prospère et se développe rapidement. Dix années plus tard, Google valait déjà 210 milliards de dollars. Actuellement, la société est devenue un véritable empire. Elle s'est officiellement spécialisée dans de nombreux domaines comme la messagerie électronique, les systèmes d'exploitation, les réseaux sociaux, le partage de données, les navigateurs internet ou encore le travail collaboratif.

L'entreprise possédait, en 2014, un immense parc informatique composé de plus de deux millions de serveurs, ce qui en faisait le parc le plus imposant au monde. Cependant, Google refuse de donner les nouveaux chiffres et nous n'en savons pas plus en 2018, mais il est certain que son parc informatique croît d'année en année. Sergey Brin est actuellement, en 2018, le président de la société Alphabet après avoir été le directeur technique de Google. Sa fortune personnelle est estimée à 19 milliards de dollars. Sergey a épousé Anne Wojcicki en 2007. Elle est cofondatrice de 23andme.com, société de biotechnologie qui propose à ses clients une analyse de leur code génétique. Sergey a financé des recherches sur la maladie de Parkinson, maladie dont il serait lui-même atteint.

Pichai Sundararajan, plus connu sous le nom de Sundar Pichai, est président directeur général de Google depuis le 2 octobre 2015 à la suite de Larry Page. Larry Page est un homme introverti, mystérieux, intransigeant et surtout très ambitieux. Il reste loin des médias, déteste les apparitions en public ainsi que les conférences de presse. Larry est passionné de kitesurf, de randonnées en Alaska et est véritablement fanatique du festival *Burning Man* qui est symbolisé par une idole de bois en proie aux flammes. Ce festival est très révélateur de l'état d'esprit de Larry et plus généralement des passionnés de technologie, ceux que l'on nomme plus généralement des *geeks*.

Larry Page avait prononcé un discours sur

l'intelligence artificielle en octobre 2000 qui n'est pas à prendre à la légère. Nous voyons aujourd'hui apparaître progressivement ce qu'il avait annoncé à l'époque. « Je pense que Google est génial parce qu'en fait, l'intelligence artificielle sera la version ultime de Google. Pour avoir un moteur de recherche parfait il faudrait qu'il comprenne tout sur le web. Il faudrait qu'il comprenne exactement ce que vous voulez, et vous amène la bonne information. Répondre à n'importe quelle question c'est évidemment construire une intelligence artificielle, parce que presque tout est sur internet, n'est-ce pas ? Nous sommes très loin de réaliser cela à l'heure actuelle. Cependant nous nous en rapprochons de manière incrémentale, c'est ce sur quoi nous travaillons. Et c'est extrêmement intéressant d'un point de vue intellectuel. »https://fr.wikipedia.org/wiki/X_(ent reprise)

Google X Lab et Alphabet

Google a crée Alphabet[15] en 2015, il s'agit d'un conglomérat de sociétés qui appartenaient déjà à Google. Selon l'entreprise, Alphabet permet de répartir les risques au sein de plusieurs filiales en s'appuyant sur de nombreux dirigeants. Alphabet englobe de nombreuses entreprises techniques dont le complexe secret Google X Lab[16]. Celui-ci travaillerait sur une centaine de projets futuristes mais, actuellement, nous n'en connaissons officiellement que douze. Le laboratoire tente de créer des lentilles permettant de détecter le taux de glucose chez les diabétiques. Il est en train de développer un implant cérébral permettant de répondre instantanément aux questions grâce aux informations issues de l'Internet. Les célèbres GoogleGlass[17] proviennent également de ce même

---

15 Visiter le site internet
    http://www.zonebourse.com/ALPHABET-
    24203373/societe/
16 Visiter le site internet
    https://fr.wikipedia.org/wiki/X_(entreprise)
17 Le projet Google Glass, ou Project Glass
    (littéralement projet lunette), était un programme
    de recherche et développement lancé par Google
    sur la création d'une paire de lunettes avec une
    réalité augmentée. Visiter le site internet
    https://www.objetconnecte.com/google-glass-2-
    enterprise-edition/

laboratoire. Ce n'est pas tout, l'entreprise travaille sur le décodage génétique, sur la création de robots divers et variés, sur des turbines volantes, des capsules spatiales de récupération de météorites, des voitures sans chauffeur, de la viande artificielle, des ballons stratosphériques connectés à l'Internet. Google se penche également sur la lutte contre le vieillissement et les maladies dégénératives. Enfin, le laboratoire œuvrait sur une division robotique en lien avec le Pentagone et le DARPA, cependant les robots de Boston Dynamics ont été revendus en 2017 au conglomérat japonais SoftBank. Google n'est plus seulement une entreprise informatique classique, c'est également une firme spécialisée dans les projets futuristes de pointe.

Google devient, au fil du temps, une gigantesque entreprise possédant un immense savoir-faire. Notre civilisation s'imprègne de son influence grandissante. Ses travaux effectués dans les laboratoires d'Alphabet annoncent un changement sociétal majeur par la technologie, Burning Man en est l'exutoire en quelque sorte. Il est bon de noter que Google a racheté au moins 224 entreprises[18] en 17 ans. On constate que Google investit dans toutes sortes d'entreprises spécialisées dans l'intelligence artificielle[19], la robotique, le e-

---

18 Visiter le site internet https://www.webmarketing-conseil.fr/liste-entreprises-rachetees-google/

commerce, le cloud computing, la sécurité informatique, les applications mobiles, la reconnaissance vocale, la voix sur IP, la compression vidéo, la publicité, l'analyse de trafic, l'analyse de carte, les réseaux sociaux, la reconnaissance faciale, le GPS, etc.

Waymo, la filiale d'Alphabet, a lancé en fin 2017 un service de taxi[20], dans la ville de Phoenix, assuré par ses voitures autonomes. L'expérimentation sera bientôt ouverte au grand public avant d'être déployée dans plusieurs États américains. Google essaye d'intégrer une intelligence artificielle à l'intérieur de ses véhicules afin de les rendre, à terme, totalement autonomes. Pour l'instant, un employé de l'entreprise restera à l'intérieur du véhicule pendant le trajet. Dans le futur, l'entreprise américaine souhaiterait diffuser de la publicité pendant le transport de ses usagers. Les spots publicitaires seraient projetés sur le pare-brise de ces voitures automatisées, selon un courrier que l'entreprise aurait adressé à la Securities and Exchange Commission. Les frigidaires,

---

19 Visiter le site internet
    http://www.zonebourse.com/ALPHABET-
    24203373/actualite/Alphabet-Google-va-investir-
    dans-l-intelligence-artificielle-en-France-25850620/
20 Visiter le site internet https://www.futura-
    sciences.com/tech/actualites/voiture-voiture-
    autonome-google-tente- premiere-mondiale-58290/

thermostats, lunettes et montres seraient également les sujets de ce penchant publicitaire.

L'homme façonné selon Google deviendrait un consommateur passif qui se laisserait guider par les machines en regardant des spots publicitaires. Cela fait un peu penser à l'univers du film « Demolition Man » dans lequel les citoyens chantonnent gaiement des airs de publicités naïves. Sur le long terme, de tels individus assistés seraient incapables de travailler. Il semble plutôt évident que les anciens milliardaires, dans un tel monde, deviendraient des maîtres de cérémonie [21]. Ils pourraient mettre à exécution leur mégalomanie pendant que les spectateurs-citoyens deviendraient les esclaves des temps nouveaux [22], société issue des ruines de l'ancienne société de consommation.

21 Voir le livre « de la gnose au transhumanisme » de la page 126 à 130
22 Voir le livre « de la gnose au transhumanisme » de la page 154 à 157

Le festival Burning Man

Nous allons maintenant aborder le thème du festival favori du PDG de Google. Le concept du « Burning Man » est réinventé par Larry Harvey en 1986. Celui-ci propose de brûler un mannequin géant sur la plage de Baker Beach. Selon Wikipédia, le « festival, qui a les traits d'une utopie temporaire mais aussi d'une fête païenne s'achevant en apothéose par le bûcher d'une grande effigie humaine, est sous-tendu néanmoins par une philosophie passablement élaborée, que les organisateurs ont tenté de structurer par l'énoncé de dix préceptes. »

Le thème du Burning Man **de l'année 2018**[23] semble annoncer ce que nous craignons et dénonçons depuis quelque temps déjà : « Du dimanche 26 août au lundi 3 septembre, Le Burning Man reprend place dans le désert du Nevada ! Le festival vient d'annoncer son prochain thème, **I Robots**[24] ! Le recueil de neuf nouvelles de science-fiction écrit par Isaac Asimov en 1950 est toujours d'actualité. Dans notre monde

---

23 Visiter le site internet
    https://www.opnminded.com/2018/03/05/theme-
    2018-burning-man-devoile-festival-black- rock-
    nevada.html

24 En lien avec le film « Moi, Robot ». Visiter le site internet
    https://fr.wikipedia.org/wiki/I,_Robot_(film)

connecté à la frontière d'un futur transhumaniste, le thème interroge les nombreuses formes d'intelligence artificielle, avec consentement ou contre notre gré, dans nos vies. Sommes-nous en train d'entrer dans un âge d'or qui nous libère tous du travail ? Tout dépend, semble-t-il, de l'interface homme-machine. Dans un monde de plus en plus contrôlé par des machines intelligentes, **qui sera le maître et qui sera l'esclave ?** ».

En 1990, la fête se déroulait dans une ville temporaire située en plein désert du Nevada, elle fut baptisée Black Rock City. Le festival attire, en toute logique, des Américains, des Européens ainsi que des Asiatiques plutôt fortunés. Il paraît évident qu'il est indispensable d'avoir un certain confort de vie pour être en mesure de se rendre dans un tel endroit. À moins d'économiser pendant quelques années, ce n'est pas un salarié moyen, avec ses charges familiales, qui est en mesure d'y faire la fête. Cet immense festival se déroule dans un esprit de créativité et une ambiance étrange dans laquelle la surenchère est une composante importante. Ses dix lois s'annoncent comme un décalogue qui se moque ouvertement des lois de Moïse…

I) *Radical inclusion* [25] : Tout le monde, sans

---

25 25 Nous avons préféré laisser ces termes en anglais, car ils sont très difficiles à traduire en français

exception, est accepté.

2) *Gifting* : Le don, sans attente de retour, est essentiel. Il peut être matériel (argent, objet, etc.) ou virtuel (service, poème, soin, etc.).

3) *Decommodification* : Le commerce est exclu, l'argent ne sert qu'à acheter de la glace ou du café.

4) *Radical Self-Reliance* : Chaque individu est invité à s'exprimer en utilisant ses ressources intérieures sans toutefois compter sur les autres, sauf, bien évidemment, en cas de problème.

5) *Radical Self-Expression* : La liberté d'expression est totale et chacun est invité à s'exprimer de la manière qu'il le souhaite.

6) *Communal Effort* : La collaboration, le bénévolat, l'entraide sont vivement encouragés afin que la ville du festival soit entretenue.

7) *Civic Responsibility* : Le comportement de chacun doit être respectueux envers les uns les autres.

8) *Leave no trace* : Il ne doit rester aucune trace, aucun déchet, du passage du festival. Chacun doit apporter avec lui ses affaires et ses aliments.

9) *Participation* : Les individus ne doivent pas être spectateurs mais véritablement acteurs pendant la durée du festival.

10) *Immediacy* : L'expérience immédiate dans la plus pure expression est encouragée.

Il faut compter au moins 1 500 €, pour quinze jours, par couple si l'on y inclut la voiture de location. Il faut avoir un minimum de budget, être disponible pendant deux semaines complètes, ne pas être accompagné d'enfants et apporter avec soi les accessoires suivants : Un vélo par personne, des tenues vestimentaires nombreuses et variées pour être en mesure de se changer le jour et la nuit, une grande tente, des glacières et de la glace, du matériel de cuisine, des sacs de congélation, des chaussures fermées, des lampes, des piles, des batteries, un chapeau, des lunettes de soleil, de la crème solaire et de la biafine, des gourdes, des lunettes étanches au sable également appelées goggles, une ceinture fourre-tout, du scotch épais, des colliers en plastique, des lingettes pour bébé, de nombreux outils divers et variés, un appareil photo, une caméra, des talkies-walkies, un lecteur mp3, une trousse à pharmacie bien remplie, du mobilier de camping, de nombreux cadeaux à offrir, le nécessaire pour la douche, des habits chauds, un sac d'affaires pour le retour, des bâtons lumineux ainsi que de la peinture Fardel pour le corps.

Ces affaires demandent un investissement plutôt conséquent de l'ordre de 5 000 € à 88 000 €. Un budget minimal de 7 000 € pour la première année, si l'on doit acquérir cet équipement, ne semble pas du luxe. Les personnes défavorisées, les travailleurs pauvres, les classes moyennes sont implicitement écartés de ce festival. Cela dénote un certain élitisme déguisé malgré la première loi appelée Radical Inclusion.

Pour mettre en valeur l'importance que représente, pour Larry Page, ce festival, il est nécessaire de citer une partie de son discours qu'il a prononcé en 2013 à la conférence annuelle Google I/O[26]. « Peut-être pourrions-nous mettre de côté une partie du monde. J'aime aller à Burning Man. En tant que technologue, j'estime que nous avons peut-être besoin de quelques endroits sûrs où nous pouvons essayer des choses nouvelles sans avoir à les déployer face au monde entier. »

Il faut savoir que le festival attire de plus en plus de geeks et autres passionnés de nouvelles technologies. Ce festival ne ressemble pourtant pas à ses ancêtres. Au départ, tout est issu du Suicide Club, inventé par Gary Warne et quelques amis, en 1977. Le but du groupe était de visiter des lieux urbains pour vivre des expériences fortes à travers des actions spectaculaires. Le club est arrêté en 1982 parce qu'il était devenu plutôt sectaire et ne correspondait plus à l'esprit de Gary. Suite à plusieurs d'années d'ennui[27], c'est en 1986 que les

---

26 Input/Output pour les non-informaticiens. Ce que l'on peut traduire par échanges d'informations.
27 Les membres du club s'ennuyaient littéralement. Visiter le site internet http://next.liberation.fr/arts/2013/06/21/the-

ex-membres du groupe décident de créer la Cacophony Society. Ce mouvement était beaucoup plus fédérateur que son prédécesseur parce qu'il s'ouvrait à toutes sortes d'initiatives loufoques, déjantées, anarchistes, spectaculaires, étranges, etc.

Une réalité alternative en découlait, un nouveau monde temporaire était créé pendant le temps de l'événement. Le film « Fight Club » s'est d'ailleurs inspiré de cet étrange mouvance. C'est après cela que Burning Man est né, mais, au fil des années, le mouvement s'est transformé en un rassemblement New Age, éclectique, technologique et capitaliste, cela même si le commerce y est interdit sur place.

C'est ce que confirme d'ailleurs John Law, l'un des cofondateurs de la Cacophony Society et du Burning Man, à travers ses propos. « Ça s'est professionnalisé, avec le contrôle renforcé qu'implique toute bureaucratie. C'est devenu un lieu de vacances pour les informaticiens. Beaucoup parlent de Burning Man comme d'une utopie, mais l'hédonisme ne me semble pas une bonne pierre d'angle pour édifier un mouvement. »

« Agrandir une image centrale, même s'il n'y a pas de mauvaise intention derrière, je trouve ça répréhensible. Burning Man est devenu ce qu'il est parce que les gens ont réalisé qu'ils pouvaient faire

cacophony-society-total-chaos_912823

leur propre création dans cet endroit extraterrestre. Et parce que l'environnement générait un nouveau genre de communauté, mais une communauté de marginaux. Je ne veux pas que tout le monde ait la même idée, ça deviendrait ennuyeux. »

Ce qu'il faut comprendre, c'est que le festival Burning Man a été instrumentalisé. Si au départ son esprit était déjanté, il est devenu, aujourd'hui, plus conformiste et sert une cause foncièrement différente. Un certain techno-centrisme élitiste y règne. Dans quel but ? Nous allons essayer de comprendre ce qu'il en est.

Ce festival est New Age parce qu'il a un côté spirituel prononcé, issu d'un syncrétisme religieux. Par exemple, un temple temporaire, contenant un autel, est construit puis détruit par les flammes à la fin du séjour. On peut venir y prier comme dans un temple bouddhiste et laisser des lettres aux défunts. Dans ce festival, on se recueille et l'on se recentre sur soi-même. Sans rentrer dans les détails, ces actes sont typiques de la méditation. Cette volonté de se détendre dans une ambiance sans règle et sans religion, comme

le dit Yann Arthus Bertrand[28], montre bien que

---

28 Yann Arthus Bertrand a découvert le temple de David Best au festival du Burning Man en 2015 lors du tournage de son film Human. Visiter le site internet https://www.goodplanet.org/fr/domaine/temple-de-

la spiritualité est nouvelle. Par conséquent, elle découle directement de cette étrange atmosphère typique du New Age, loin des règles religieuses, mais basées sur l'expérience individuelle et directe si chères à la gnose universelle. En réalité, cette spiritualité n'est pas nouvelle, elle est même très ancienne. Les gnostiques revendiquent leur existence depuis la nuit des temps. La mouvance New Age n'est finalement qu'une renaissance de l'antique gnose.

Ce festival est éclectique parce qu'on y rencontre toutes sortes de personnes ou de groupes comme en témoignait Matt Wray en 1995. « Toutes sortes d'espèces coexistent ici, une encyclopédie vivante de sous-culture : des survivants du désert, des primitifs urbains, des artistes, des rocketeers[29], des hippies, des deadheads[30], des queers[31], des pyromanes, des cybernautes, des musiciens, des harangueurs, des frappés de l'écologie, des têtes d'acide[32], des éleveurs[33], des punks, des

---

david-best/
29 Fans de la bande dessinée des années 1930
30 Fans du groupe de rock Grateful Dead
31 Personnes étranges liées aux mouvements LGBT
32 Des drogués aux LSD
33 Le Nevada, État de l'ouest américain, est encerclé par des déserts brûlants et des chaînes de montagnes massives. La nature n'y fait aucun compromis. Sur cette terre rugueuse, les rêves des

amoureux des armes, des danseurs, des amateurs de sado-masochisme, des nudistes, des réfugiés du mouvement des hommes[34], des anarchistes, des raveurs[35], des transgenres[36] et des spiritualistes New Age ».

Ce festival est technologique comme en témoigne, en 1996, Bruce Sterling dans Wired Magazine en affirmant que Black Rock City ressemblait à une « version physique d'Internet ». Très rapidement, Burning Man devient le lieu de prédilection des élites de l'informatique. Cela s'explique par le fait que la cyber-culture est née de la contre-culture de la fin des années 1970. Le festival est un sujet de discussion sur la communauté virtuelle The Well, créée par Stewart Brand, dès 1994. L'Internet permet à la communauté Burning Man de rester en contact toute l'année grâce, notamment, aux listes de diffusion. Ce lieu est idéal pour Larry Page parce que comme il le dit lui-même, il peut tester

---

hommes au tempérament bien trempé deviennent souvent possibles. Chaque année, s'y tient le festival de musique et d'art contemporain « Burning man », un espace utopiste de créations éphémères et de fêtes en plein désert. La tradition cowboy, toujours vivace, vibre dans le cœur de cet État, à l'ambiance « Far West ». Voir l'épisode 6 de la saison 3 de « Vu sur Terre ».

34 Autrement dit, des migrants
35 Amateurs de rave-party
36 Individus qui se sont fait opérer pour changer de sexe

les dernières trouvailles de Google en toute liberté dans cette fête extravagante, hors du commun et hors du temps. Dans ce lieu à l'atmosphère résolument païenne, les équipes de Google sont invisibles parce qu'elles sont noyées parmi les 58 000 participants excentriques du festival. Ce lieu est apprécié pour sa technologie, son esprit festif ainsi que son individualisme exacerbé.

Ce festival est capitaliste, malgré ce refus de commercer sur place, parce que les places se monnaient. En 2013, un billet coûtait 380 dollars. Le cofondateur du Burning Man, Larry Harvey, annonce qu'il ne croit pas en l'amour mais au commerce. Il est le président du festival Burning Man et de l'entreprise Black Rock City, LLC qui a effectué 22 000 000 de dollars de chiffre d'affaires en 2013 grâce à ses 58 000 billets vendus. Sur place, chaque membre doit travailler bénévolement pour le bon fonctionnement du festival. Il est évident que dans ces conditions, les bénéfices sont importants et doivent très certainement financer des projets que nous ne connaissons évidemment pas. Il y a une contradiction évidente entre le bénévolat pratiqué sur place et la vente des billets permettant de rejoindre le festival. L'argent supervise le festival même s'il ne se trouve pas à l'intérieur de celui-ci.

Larry Harvey souhaite que les gens changent grâce à l'« effet burning ». Comme il le dit lui-même, « ce qui se passe après, c'est cela le plus intéressant. On s'en est rendu compte avec le temps. Les gens rentrent chez eux. Ils changent leur manière de vivre. Ils changent leur relation à l'autre. Ils vont parler avec leur voisin comme ils n'auraient jamais pu le faire auparavant. Chez nous, on pense que quand on atteint une certaine échelle au niveau global, que les comportements imprègnent tous les recoins de la société, alors c'est à ce moment-là que vous commencez à changer le monde. »

Ce festival a une forte influence sur les mentalités, comme on a pu le voir. Il attire toujours plus de nouveaux adeptes provenant du monde entier. Le fait que les participants et les médias en parlent génère un effet boule de neige. Cela pourrait probablement avoir pour effet, sur le long terme, de préparer la civilisation occidentale à cette « nouvelle religion ». Même si les fidèles du festival se rassemblent dans un cadre spirituel sans rapport à l'argent, ce dernier est toujours utilisé pour financer Burning Man. Par conséquent, d'un point de vue financier, ce sont les dirigeants de celui-ci qui sont les grands gagnants. Ce n'est d'ailleurs pas anodin si Larry Page, le PDG actuel de Google, annonce que « si on était vraiment motivé uniquement par l'argent, cela ferait longtemps qu'on aurait revendu la société et que l'on serait sur la plage » et que « si vous ne faites pas des choses folles c'est que vous faites la mauvaise chose ». Il est bon de noter que Larry Page possède une fortune personnelle estimée à 28 milliards de dollars, ce qui est tout simplement considérable.

Dans ce festival, les gens redeviennent sauvages. Ils laissent librement exprimer leurs émotions, que ce soit de la violence, du sexe, des larmes ou autre chose. Dans la société traditionnelle, les caractéristiques de l'individu sont normalement plus ou moins refoulées afin que l'ensemble des individus ne craignent pas l'excès émotionnel d'un tiers ou d'un groupe de tiers. Dans une société sans refoulement, le danger est grand de voir un groupe d'individus s'exprimer sans retenue. Au départ, ce qui semblait sympathique, jovial et surtout innocent se transforme peu à peu en monstruosité, cela jusqu'au point de rupture final. C'est ainsi que le mieux devient l'ennemi du bien. Ce qu'il faut comprendre, c'est que dans une telle société, il n'y a plus de lois appliquées à l'ensemble de la civilisation puisque les règles s'établissent au niveau de l'individu. Lorsque l'égoïsme surpasse le bien commun, on peut s'attendre à de très graves événements.

Cependant, ces nouvelles tendances n'apparaissent pas comme par enchantement, ce sont des élites qui les établissent et les mettent en pratique. Ces dirigeants souhaitent devenir les maîtres[37] d'une société qu'ils ont eux-mêmes engendrée. C'est ce que l'on constate d'ailleurs avec le festival Burning Man organisé par Larry Harvey. Celui-ci l'encadre financièrement, mais il ne subit pas ses règles puisque son argent le place au- dessus du lot.

Voir le livre « de la gnose au transhumanisme » de la page 126 à 130

Les dangers d'une civilisation technologique

L'Internet n'est pas anodin puisque la virtualité engendre dans le monde physique un appauvrissement des ressources naturelles proportionnel à son développement. La réalité virtuelle et la robotisation qui composent la pieuvre du transhumanisme vont demander davantage d'exploitation de minerais et d'usines de fabrication de marchandises technologiques, et, par conséquent une pollution d'autant plus grave.

En fabricant ces produits, les entreprises qui contribuent à l'endoctrinement numérique de centaines de millions de personnes à travers le monde épuisent littéralement les ressources mondiales : le monde numérique est comparable au Léviathan ou à Gargantua. Les chimères virtuelles qui endorment les consciences se nourrissent finalement de la destruction de la planète. La folie numérique ne semble pourtant pas frapper les esprits… Les doctrines gauchistes, écologistes et végans font partie de l'illusion matérialiste puisqu'elles n'essayent pas d'enrayer cette auto-destruction programmée.

Nous pouvons constater que la complexité croissante de la technologie s'oppose radicalement à la bénignité, c'est-à-dire à la vertu. Les multinationales imposent leurs règles iniques à travers le monde afin de dégager des bénéfices au détriment de l'humanité. Il leur faut donc enrôler des hommes capables de détruire l'œuvre divine, c'est pourquoi des mercenaires, sans foi ni loi, habillés en costume-cravate doivent alimenter la machine infernale. L'homme superficiel à l'apparence sophistiquée est un ennemi du bien et de la vérité. Autrement dit, l'être qui cultive des valeurs mortifères est un loup pour l'homme puisqu'il devient foncièrement méchant. Le capitalisme s'oppose radicalement au christianisme qui est vecteur d'une authentique Charité. Les écrits de saint Augustin s'avèrent plus que jamais d'actualité. Deux mondes s'affrontent jusqu'à la mort ; la cité de Dieu, dans laquelle les hommes pratiquent les vertus divines ; face à la cité terrestre, dans laquelle les individus cherchent le confort matériel.

Pour le quidam, l'Internet est un monde virtuel qui semble exister indépendamment de la réalité afin de l'abreuver d'informations audio-visuelles plus ou moins immorales. À l'origine, nous aurions pu croire que l'Internet était censé participer au bien commun. Cependant, la volonté matérialiste[38] étant plus forte que la recherche spirituelle de la vertu[39], l'Internet est

---

38 Découlant des doctrines favorisant l'intérêt individuel (Renaissance, Les Lumières, Kant, Marx, etc.)

devenu une machine infernale alimentée par les multinationales.

L'Internet actuel est la colonne vertébrale du transhumanisme puisque la Bête ne pourrait pas vivre sans engrais, c'est-à-dire sans un monde virtuel[40] nécessaire à sa croissance. Un univers virtuel dépeuplé ne servirait pas à grand-chose, il lui faut donc des adeptes plus ou moins endoctrinés, c'est-à-dire d'un côté ; les maîtres de cérémonie et leurs complices ; de l'autre, des consommateurs serviles.

Le drame de l'humanité est de ne pas prendre conscience de la décadence généralisée. Dieu a engendré un monde parfait qui est aujourd'hui détruit par des enfants qui ont oublié son existence pour se consacrer à leur propre confort[41]. L'humanité contemporaine est à l'image d'un dieu païen fainéant et orgueilleux. Le progrès indéfini semble comparable à une hache qui couperait le bois avec lequel elle aurait été créée.

Une civilisation qui ne sait plus d'où elle vient et qui ne connaît pas la vertu risque fortement de retourner à la barbarie.

---

39 Constructrice d'une civilisation ordonnée basée sur le bien commun
40 Dans sa considération dystopique
41 Vous serez comme des dieux (Genèse 3:5)

Conclusion

Or, qui a mis un terme à la déchéance de l'humanité si ce n'est Jésus-Christ ? Dans un passé plutôt lointain, le Christocentrisme, c'est-à-dire la volonté d'imiter Jésus-Christ afin de façonner la civilisation, a engendré une société vertueuse et soigneusement organisée. Pourtant, de nos jours, l'homme occidental qui se laisserait porter par le courant du siècle serait l'antonyme du Christ puisque l'orgueil destructeur est considéré comme l'un des principaux facteurs de la Liberté[42]. Ceci est dû au fait que le relativisme a expurgé les notions chrétiennes de bien et de mal[43].

Pour aller plus loin, sans l'apparition du Christianisme, l'humanité n'aurait pas été capable de procéder à des découvertes scientifiques puisque celles-ci sont le produit d'une société vertueuse, organisée et libre. Autrement dit, une doctrine maléfique engendre des civilisations barbares qui seraient dans l'incapacité de développer des techniques issues d'une science de l'esprit.

Or, nous nous apercevons que les découvertes scientifiques conduisent désormais à

---

42 Notion essentielle qui a été subvertie à partir de la Renaissance

43 Voir le livre « de la gnose au transhumanisme » de la page 221 à 228

l'asservissement de la civilisation et non pas à son épanouissement[44]. Les découvertes scientifiques semblent donc se retourner contre l'humanité[45]. Ceci prouve qu'il ne faut pas jouer avec les lois divines puisque seule la recherche des vertus de Dieu permet de donner vie à une civilisation parfaitement ordonnée[46].

Le matérialisme est comparable à une maladie qui contribuerait à la décomposition du corps[47] social. Au fil du temps, cette putréfaction engendre un terreau qui permettrait l'émergence d'une nouvelle civilisation[48]. La renaissance spirituelle semble passer par une phase de destruction totale[49]. Il s'agit d'un cycle que l'humanité ne peut qu'observer et subir en bien comme en mal. On peut être certain que la destruction contemporaine engendrera la vertu puisque là où le péché abonde, la grâce surabonde nécessairement.

[44] Puisque l'égoïsme mène à l'abjection de Dieu.

[45] Comme le dit Claude Polin, la science contemporaine est un produit issu du christianisme qui s'oppose au christianisme

[46] Société régie par la Charité chrétienne dans laquelle la verticalité est essentielle

[47] Symbole du Corps du Christ selon saint Augustin

[48] Civilisation chrétienne puisque la souffrance, symbolisée par la putréfaction du corps social, engendre une considération absolue du bien et du mal

[49] Décadence cyclique des empires mondiaux

[50] Vertu précieusement conservée par l'Église qui a été engendrée par les commandements de Jésus-Christ, des Docteurs, des saints ainsi que des philosophes grecs

figures 1a et 1b, « data center » ou « centre de données »

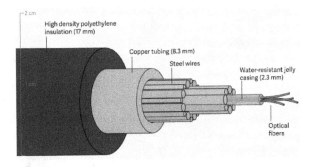

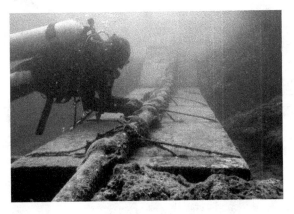

figures 1a et 1b, « data center » ou « centre de données »

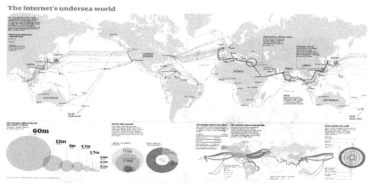

carte 2c, « carte sous-marine mondiale de l'Internet »

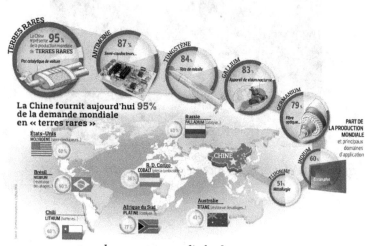

carte 3d, « carte mondiale des terres rares »

figures 4a et 4b, « le drame des déchets électroniques en Afrique »